AF404215

TABLEAUX

DE LA

Méthode de Lecture

AVEC OU SANS ÉPELLATION,

PAR J.-F. PASCAL,

INSTITUTEUR PRIMAIRE DU PREMIER DEGRÉ.

DEUXIÈME ÉDITION, REVUE AVEC SOIN,

ET MISE A LA PORTÉE DE TOUTES LES INTELLIGENCES.

OUVRAGE

Admis à l'Exposition publique de la Société des Méthodes d'Enseignement, en 1835;

Et autorisé par le Conseil royal de l'Instruction publique.

PREMIÈRE PARTIE.

Syllabaire et Introduction à la Lecture courante.

Prix : 3 francs.

PARIS.

Mme Ve MAIRE-NYON, LIBRAIRE-ÉDITEUR,

QUAI CONTI, N° 13;

M. PASCAL, RUE DE LA SOURDIÈRE, N° 27.

1836.

TABLEAU SYNOPTIQUE

DES VOYELLES.

VOYELLES SIMPLES.

ORALES.

a	o	u	ou	oi	e *(faible)*	é	è	i
ea	au	ue	oue	oie	eu *(fort)*	œ	ai	ê	y
eau					œu	et	ei est	

ARTICULÉES.

af	ol	eur	er	il	ouc
	aul	œur	air	yl	

MOUILLÉES.

ail	euil	eil
	œil	

NASALES.

an	on	oin	eun	in ^(èn)
am	om		um	im
en	eon		un	ain
em				ein
ean				yn

VOYELLES COMPOSÉES.

ué	ouè	ieu	ié	io	ion
uai	ouais	yeu	iai	yo	yon
	ouait			iau	

TABLEAU SYNOPTIQUE
DES CONSONNES.

CONSONNES SIMPLES.

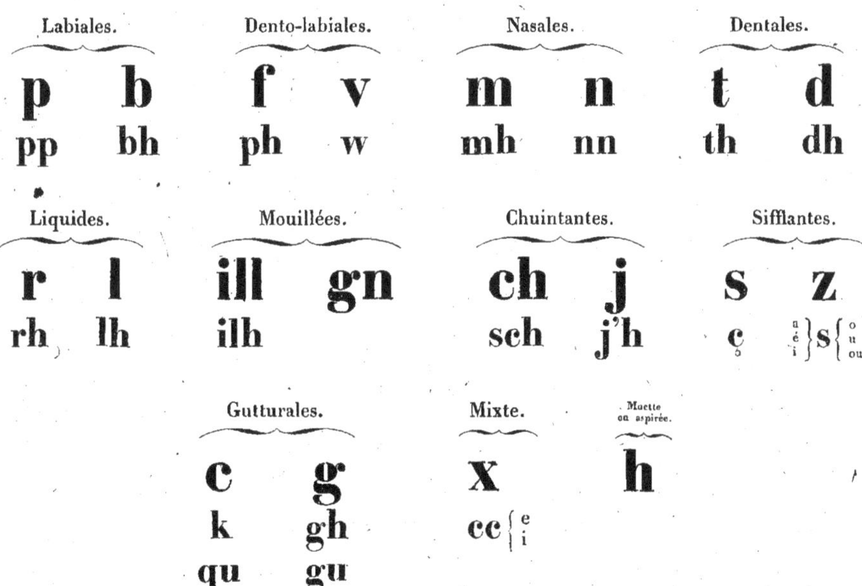

CONSONNES COMPOSÉES.

Ces deux tableaux synoptiques doivent être placés, pendant la leçon de lecture, à côté de celui que lisent les élèves, à partir de la quatrième classe, afin qu'on puisse au besoin leur montrer et leur faire reconnaître de suite les voyelles ou les consonnes qu'ils auraient oubliées.

LE NOUVEAU VIARD.

TABLEAUX DE LECTURE.

1re Classe nº 1.   Tableau nº 1.

VOYELLES SIMPLES.

a   **o**   **u**   **ou**   **oi**

a-*gneau*   o-*gre*   u-*neau*   ou-*vrier*   oi-*seau*

eu   **e**   **é**   **è**   **i**

eu-*rus*   (eu *faible*) é-*pi*   è-*bre*   i-*le*

CONSONNES SIMPLES.

f   **l**   **ill**   **c**   **r**

gol-fe   *pou*-le   *feu*-ille   *pi*-que   *poi*-re

b   **p**   **d**   **g**   **x**

ro-be   *pi*-pe   *cor*-de   *fi*-gue   *ri*-xe

m   **n**   **t**   **s**   **z**

plu-me   *rei*-ne   *por*-te   *bour*-se   *ga*-ze

ch   **j**   **gn**   **v**   **h**

clo-che   *suis*-je   *cy*-gne   *ca*-ve   heu !

Observations.

Les voyelles *ou*, *eu*, et les consonnes *ill*, *ch*, *gn*, quoique doubles aux yeux, doivent être consi-
dérées comme simples, puisque en les prononçant on ne fait entendre qu'un son ou qu'une seule
articulation. Quant à *oi*, c'est une diphthongue dont on ne reconnaît pas les élémens dans les deux
lettres qui la composent, c'est ce qui nous l'a fait placer avec les voyelles simples.

Nota. Les mots qui se trouvent sous les voyelles et sous les consonnes simples indiquent la déno-
mination de ces deux sortes de lettres.

	a	o	u	ou	oi
f	fa	fo	fu	fou	foi
l	la	lo	lu	lou	loi
ill	illa	illo	illu	illou	illoi
c	ca	co	cu	cou	coi
r	ra	ro	ru	rou	roi

MOTS
FORMÉS DES SYLLABES PRÉCÉDENTES.

fou la	cou la	rou la	ca illa
ra illa	fou illa	rou illa	fa lo*t*
cou ru*t*	ca illou	cou cou	rou cou
la foi	la loi	a lla(1)	co llas
carras	coiffas	courra	fallu*t*

Observations.

* Les lettres en caractères *italiques* ne doivent pas être prononcées.

(1) Une double consonne (c'est-à-dire deux consonnes semblables qui se suivent) se prononce comme si elle était simple.

SYLLABES

TERMINÉES PAR UNE VOYELLE.

1re Classe nº 3.   Tableau nº 3.

	eu	e	é	è	i
f	feu	fe	fé	fè	fi
l	leu	le	lé	lè	li
ill	illeu	ille	illé	illè	illi
c[2]	ceu	ce	cé	cè	ci
r	reu	re	ré	rè	ri

MOTS

FORMÉS DES SYLLABES PRÉCÉDENTES.

la feu ille	la fa ce	la fi le	la ci re
le ca illé	le cu ré	le rô le	le ri re
la fo rêt	le cou lis	la ca ille	le ca illou
le co co	la li ce	le fi lou	la fou le
la fo lle[1]	le carré	la coiffe	le reçu[3]

Observations.

(2) *C* suivi d'un *e* ou d'un *i* se prononce toujours comme *ss*.

(3) La cédille (҄) se place sous le *c* pour lui donner le son du *ss*.

SYLLABES

TERMINÉES PAR UNE VOYELLE.

<table>
<tr><td>1re Classe n° 4.</td><td></td><td></td><td></td><td>Tableau n° 4.</td></tr>
</table>

	a	ou	o	oi	u
b	ba	bou	bo	boi	bu
p	pa	pou	po	poi	pu
d	da	dou	do	doi	du
g	ga	gou	go	goi	gu
x	xa	xou	xo	xoi	xu

MOTS

FORMÉS DES SYLLABES PRÉCÉDENTES.

le ba illi	la bou le	le pa ri	la pou le
la pa ille	le li cou	la ga re	le ra goû*t*
le ga lo*p*	la poi re	le ra bo*t*	la foi re
la ba rre	le re pos	la bu lle	ce gou lu
du fago*t*	l'épou*x* (4)	l'affû*t*	d'appas

Observation.

(4) L'*apostrophe* (') annonce la suppression d'une voyelle ; ce signe ne compte pour rien dans la prononciation des mots.

SYLLABES

TERMINÉES PAR UNE VOYELLE.

1re Classe n° 5.   Tableau n° 5.

	eu	ê	e	i	é
b	beu	bê	be	bi	bé
p	peu	pè	pe	pi	pé
d	deu	dê	de	di	dé
g [5]	geu	gè	ge	gi	gé
x	xeu	xê	xe	xi	xé

MOTS

FORMÉS DES SYLLABES PRÉCÉDENTES.

la pi pe	de pa pa	la du pe	du pa ge
le lo gis	du pè re	le dé bit	de beu rre
la pi le	de pa ille	la ri xe	du peu reux
le pou ce	du do ge	le lu xe	de pa ris
l'éloge [4]	de l'axe	l'école	de l'abbé

Observation.

(5) *G* suivi d'un *e* ou d'un *i* se prononce toujours comme *j*.

SYLLABES
TERMINÉES PAR UNE VOYELLE.

	a	oi	o	ou	u
m	ma	moi	mo	mou	mu
n	na	noi	no	nou	nu
t	ta	toi	to	tou	tu
s	sa	soi	so	sou	su
z	za	zoi	zo	zou	zu

PETITES PHRASES
FORMÉES DES SYLLABES PRÉCÉDENTES.

tu fumas ta pipe	tu dînas de soupe
tu donnas dix gages	tu feras deux saluts
tu notas la nappe	tu poussas la balle
tu toisas ce canot [6]	tu boisas la salle
tu supposas cela	tu as cousu ta robe

Observation.

(6) *S* entre deux voyelles se prononce ordinairement comme *z*.

SYLLABES

TERMINÉES PAR UNE VOYELLE.

1re Classe n° 7.   Tableau n° 7.

	eu	i	e	è	é
m	meu	mi	me	mè	mé
n	neu	ni	ne	nè	né
t	teu	ti	te	tè	té
s	seu	si	se	sê	sé
z	zeu	zi	ze	zè	zé

PETITES PHRASES

FORMÉES DES SYLLABES PRÉCÉDENTES.

tu fêteras ta mère

ce benêt m'amusa [7]

tu n'uses pas de ruse

la gaze pare le sexe

tu as ferré ta mule

si tu finis ta page

ce fusil ne rate pas

tu me tires l'oreille [7]

tu le taxes de paresse

rosine va à la messe

Observation.

[7] *E muet* suivi, dans le corps des mots, de *ill* ou *x*, ou d'une double consonne, se prononce comme *é* ou *è*.

SYLLABES

TERMINÉES PAR UNE VOYELLE.

1re Classe n° 8.   Tableau n° 8.

	oi	ou	u	o	a
ch	choi	chou	chu	cho	cha
j	joi	jou	ju	jo	ja
gn	gnoi	gnou	gnu	gno	gna
v	voi	vou	vu	vo	va
h	hoi	hou	hu	ho	ha

PETITES PHRASES

FORMÉES DES SYLLABES PRÉCÉDENTES.

tu vois ce joli cha*t*   la chatte le caresse

où va ma cousine   elle va à l'école

tu gagnas douze sous   vois ce joli bijou

l'hôte sera arrivé $\left(\begin{smallmatrix}m\\8\end{smallmatrix}\right)$ tu as fini ta thèse

la huppe pupulle $\left(\begin{smallmatrix}a\\8\end{smallmatrix}\right)$ rose va à la halle

---

Observation.

(8) La lettre *h* est *muette* ou *aspirée;* (m) elle est *muette,* quand elle n'ajoute rien à la prononciation des mots ; (a) elle est aspirée, quand elle fait prononcer avec aspiration, c'est-à-dire du gosier, la voyelle qui la suit.

SYLLABES

TERMINÉES PAR UNE VOYELLE.

1re Classe n° 9.   Tableau n° 9.

	i	ê	é	e	eu
ch	chi	chê	ché	che	cheu
j	j'i	jè	jé	je	jeu
gn	gni	gnê	gné	gne	gneu
v	vi	vè	vé	ve	veu
h	hi	hê	hé	he	heu

PETITES PHRASES

FORMÉES DES SYLLABES PRÉCÉDENTES.

j'adore la divinité

j'évite la cupidité

je vis le fils du roi

tu chériras ta mère

rené pêcha à la ligne

lucie lacera julie [9]

l'heure sera passée $\left(\frac{m}{8}\right)$

l'hôte se remarie

la hure fu*t* rôtie $\left(\frac{a}{8}\right)$

ce héros mi*t* le holà

Observation.

(9) *E muet* précédé, dans la même syllabe, d'une voyelle, ne sonne presque pas; mais il fait prononcer lentement cette voyelle.

RÉCAPITULATION.

MONOSYLLABES.

pas	chat	mot	dos	lus	fut
lou*p*	rou*x*	bois	toi*t*	deu*x*	peu*t*
le	de	lés	nés	tè*t*	les[10]
des	mes	tes	ses	ni*d*	fils

POLYSYLLABES.

fo lle [1]	ca li ce [2]	dé ci de ras
re çu [3]	t'a ga ça [4]	l'u ti li té
lo gis [5]	na geu se [6]	dé su ni ra
ve ille [7]	tu ve xas	l'heu reu se $\left(\genfrac{}{}{0pt}{}{m}{8}\right)$
le hi bou $\left(\genfrac{}{}{0pt}{}{a}{8}\right)$	co lo nies [9]	tes noi se ttes [10]

PETITES PHRASES

FORMÉES DES SYLLABES PRÉCÉDENTES.

je m'occu pe de toi	ce ci m'a pa ru dé ci dé
ju les dé pe ça le rô ti	ju lie a été dé so lée
soulage les malheureux	ré né a le visage have

Observation.

(10) *E muet* suivi de *s* final se prononce *è* dans les monosyllabes; mais à fin des mots qui ont plus d'une syllabe, il conserve sa prononciation; c'est-à-dire que le son en est peu sensible.

ALPHABET

AVEC MAJUSCULES ET ITALIQUES,

SUIVANT L'ORDRE USITÉ DANS LES DICTIONNAIRES *.

2e Classe n° 1. Tableau n° 11.

a	A	*a*	n	N	*n*
b	B	*b*	o	O	*o*
c	C	*c*	p	P	*p*
d	D	*d*	q	Q	*q*
e	E	*e*	r	R	*r*
f	F	*f*	s	S	*s*
g	G	*g*	t	T	*t*
h	H	*h*	u	U	*u*
i	I	*i*	v	V	*v*
j	J	*j*	x	X	*x*
k	K	*k*	y	Y	*y*
l	L	*l*	z	Z	*z*
m	M	*m*	œ	OE	*œ*

Observation.

(*) Faire apprendre cet alphabet par cœur aux élèves, dès qu'ils sauront lire les mots de la première classe, et exiger qu'ils le récitent, tous les jours, dans l'ordre ci-dessus, afin qu'ils ne soient pas embarrassés plus tard quand ils devront se servir de dictionnaire.

VOYELLES ARTICULÉES

OU SYLLABES TERMINÉES PAR UNE CONSONNE [*].

2e Classe no 2.   Tableau no 12.

af	paf	naf	of	lof	zof
al	bal	mal	ol	bol	col
ac	sac	lac	oc	roc	soc
ar	car	char	or	cor	for
ab	dab	s'ab	ob	job	l'ob
ap	cap	nap	op	cop	j'op
ad	j'ad	l'ad	od	rod	sod
ag	zag	d'ag	og	dog	zog
ax	dax	pax	ox	fox	mox

PETITES PHRASES

FORMÉES DES SYLLABES PRÉCÉDENTES.

Je regarde ce char

César donne du cor

Tu ornes ta mémoire

D'ici je vois le lac

J'admire ces soldats

Ta cousine m'obsède

Jacob calcule mal

Le rossignol ramage

Observation.

* Les personnes qui tiennent à l'épellation doivent faire prononcer ces sortes de voyelles en une seule émission de voix.

VOYELLES ARTICULÉES

OU SYLLABES TERMINÉES PAR UNE CONSONNE.

2ᵉ Classe nº 3.   Tableau nº 13.

uf	tuf	ruf	ouf	pouf	nouf
ul	nul	tul	oul	toul	poul
uc	luc	suc	ouc	bouc	souc
ur	mur	pur	our	pour	four
ub	sub	nub	oup	soup	roup
up	rup	tup	oug	joug	soug
ud	sud	rud	oif	soif	coif
ux	lux	dux	oil	poil	voil
ut	mut	lut	oir	noir	soir

PETITES PHRASES

FORMÉES DES SYLLABES PRÉCÉDENTES.

Je cultive ma vigne   Tu surpassas le mur

La tourterelle gémit   L'abeille bourdonne

Veux-tu les recevoir[11]   Les verras-tu ce soir

As-tu soif ma chère   Ce tumulte passera

Observation.

(11) Le *trait d'union* (–) se met entre deux mots que l'on veut unir : il ne change rien à leur prononciation.

VOYELLES ARTICULÉES

OU SYLLABES TERMINÉES PAR UNE CONSONNE.

2e Classe nº 4.   **Tableau nº 14.**

euf	neuf	veuf	if	vif	nif
eul	seul	gneul	il	fil	s'il
eur	leur	peur	ic	pic	nic
ef[12]	nef	chef	ir	tir	sir
el	sel	tel	ib	rib	lib
ec	bec	sec	id	cid	rid
er	mer	fer	ig	zig	dig
ep	cep	nep	ix	mix	fix
ex	sex	rex	it	rit	sit

PETITES PHRASES

FORMÉES DES SYLLABES PRÉCÉDENTES.

Nous sortîmes d'Elbeuf

Ce chef parut meilleur

Le sel sera peu cher

Il doit partir ce soir

L'épagneul l'a mordu

Donne-nous ta cuiller

Tu vas noircir ce fil

Dicte-leur neuf mots

Observation.

(12) *E muet*, suivi, dans la même syllabe, d'une consonne, se prononce è.

VOYELLES MOUILLÉES. — NASALES.

VOYELLES MOUILLÉES.

ail	mail	bail	euil	deuil	seuil
ouil	nouil	rouil	eil	reil	leil

VOYELLES NASALES.

am	cam	ram	oin	foin	soin
an	pan	dan	eun	à jeun	
em [13]	tem	vem	um [14]	fum	hum
en	den	cen	un	l'un	d'un
om	som	bom	im [15]	tim	sim
on	mon	ton	in	din	tin

PETITES PHRASES

FORMÉES DES VOYELLES PRÉCÉDENTES.

Je t'en fis le dé tail	Tu sen tis du fe nouil
L'é cu reuil l'a man gé	J'ad mi re ces so leils
Ces champs sont loin	Tes parents sont bons
Il répand son parfum	Nos jardins sont voisins

Observation.

(13) E   ⎫
(14) U   ⎬ suivi de m ou n dans la même syllabe se prononce ⎧ a ⎫
(15) I   ⎭   ⎨ eu ⎬ nasal.
                                                                               ⎩ è ⎭

RÉCAPITULATION.

MONOSYLLABES.

pal	bac	far*d*	sol	choc	tor*t*
nul	duc	sur	bouc	lour*d*	joug
soif	poil	voir	neuf	seul	meur*t*
tel	bec	cher	vil	pic	tir
l'ail	deuil	san*s*	den*t*	l'un	fin

POLYSYLLABES.

je gar de	tu l'a dop te*s*	il sub di vi sa
tu four nis	il noir cira	e lle se meur*t*
il cher che	vas-tu sor tir	le bon cer feuil
e lle par ti*t*	dou*x* par fum	il vous sin ge ra

PETITES PHRASES.

Do nne-moi l'é ven tail	J'a rra che du fe nouil
Il man ge du cer feuil	As-tu vu leur*s* pa reils
Les ci ga le*s* chan te ron*t*	Ce*s* mou ton*s* bè le ron*t*
L'hi ron de lle ga zou ille	Le men teur fu*t* pu ni
Lève-toi donc matin	Un serpen*t* l'a mordu
L'importun fu*t* chassé	A*s*-tu besoin du mail

SIGNES DE PONCTUATION. *

Virgule. . . . . . ,	Point. . . . . . . •
Point-virgule. . . ;	Point interrogatif. . ?
Deux-points. . . . ⁞	Point exclamatif. . !

Points suspensifs ••••••

AUTRES SIGNES

EN USAGE DANS LA TYPOGRAPHIE **.

Astérisque. . . . ★	Paragraphe. . . . §
Crochets. . . . . [ ]	Guillemets. . . . « »
Parenthèses. . . ( )	Traits de séparation. . —⊢‖

Observations.

* Dans la lecture à haute voix la *virgule* indique une pause très-légère; le *point-virgule* et les *deux points* annoncent un repos plus fort que celui de la virgule; le *point* exige un repos à peu près double de celui du point-virgule; le *point interrogatif* marque une interrogation, le *point exclamatif* une exclamation, et les *points suspensifs* une suspension.

** L'*astérisque* indique un renvoi. Les *crochets* et les *parenthèses* s'emploient pour séparer de la phrase des mots qui forment un sens à part. Les *guillemets* se mettent au commencement de chaque ligne et après le dernier mot d'un discours cité. Le *paragraphe* indique la petite section d'un discours ou d'un chapitre. Le *trait de séparation* indique ordinairement le changement d'interlocuteur dans un discours.

VOYELLES COMPOSÉES. *

3ᵉ Classe nᵒ 2.   Tableau nᵒ 18.

a o	cacao	u è	duègne	é u (16)	réussi
a é	Danaé	u i	ruiné	é i	j'obéis
o a	Roanne	ou a	rouage	i a	tiare
o é	poésie	ou eu	joueuse	i o	rioteur
o è	coète	ou é	enjoué	i u	miuré
u a	ruade	ou i	jouira	i eu	pieuse
u eu	tueuse	é a	béate	i é	marié
u é	salué	é o	féodal	i è	dièse

PETITES PHRASES

A VOYELLES COMPOSÉES.

Zoé touche le piano.   Une nuée se forme.

Il salua la société.   Elles nous réjouiront.

Tu cultives la poésie.   J'étudie la théologie.

Tout vous réussira.   Donne-lui ce diamant.

Observations.

* La plupart des voyelles composées forment deux syllabes; néanmoins on doit accoutumer les élèves à passer rapidement sur la première voyelle simple qui est plus ou moins brève.

Les voyelles composées qui ne forment qu'une seule syllabe se nomment *diphthongues;* elles se prononcent d'une seule émission de voix.

(16) *É* accentué se prononce toujours séparément de la voyelle qui le suit ou qui le précède.

VOYELLES COMPOSÉES.

u eur	la su eur	é al	i dé al	i our	chi our me
u el	ma nu el	é or	thé or be	i eur	re li eur
u if	du su if	é ur	thé ur gie	i ef	re li ef
u ir	où fu ir	é ir	d'o bé ir	i el	vé ni el
u an	nu an ce	é an	bé an te	i er	vi er ge
u in	su in te	é on	l'O dé on	i an	fi an cée
ou an	lou an ge	i ar	li ar de	i en	l'O ri ent
ou in	ba bou in	i ur	di ur ne	i on	un li on

PETITES PHRASES

A VOYELLES COMPOSÉES.

Lis-nous ce mé mo ri al.   Tu é tu dias ce ma nu el.
Nous de vons lui o bé ir.   On doi*t* fuir la pa resse.
Sara fu*t* mè re d'I sa ac.   Le ciel la ré com pen sa.
Mo dè le ces bas re li efs.   Tu ra llumes ces cier ges.
L'in gé nieur ne vin*t* pas.   Il pa sse pour mé fi an*t*.
O ri en tons cette carte.   La sé an ce se ra le vée.
Saül fu*t* nommé roi [17].   Tu chanteras ce Noël.
Adélaïde l'a ouï dire.   Adam fut père de Caïn.

Observation.

(17) Toute voyelle qui porte le tréma (ü, ë, ï) se prononce séparément de la voyelle précédente.

CONSONNES COMPOSÉES [*].

3ᵉ Classe nᵒ 4.   Tableau nᵒ 20.

fl	nè fle	si ffla	flû te	fla tte rie
cl	bou cle	sar clé	cla ssa	clé men ce
bl	fa ble	com bla	blê me	blan che rie
pl	sim ple	rem pli	plu ma	pleu reu se
gl	l'an gle	beu gla	gloi re	glou te ron
fr	gou ffre	chi ffré	fru gal	fran chi se
cr	na cre	su cra	crê che	cra moi si
br	sa bre	l'a bri	bro dé	brû lan te
pr	pro pre	il pri*t*	prin ce	pro tec teur

PETITES PHRASES
A CONSONNES COMPOSÉES.

Tu plan te ras ces fleurs.   J'en ten dis les clo ches.

Il blan chi*t* son pla fon*d*.   Les don*s* se ron*t* pour lui.

Nous glo ri fi on*s* Dieu.   Parle-moi fran chement.

Dieu a créé le monde.   J'honore ta bravoure.

Ça me touche de près.   Résous ces problêmes.

Observation.

CONSONNES COMPOSÉES.

dr	ca dre	pou dra	dre ssé	droi tu re
gr	nè gre	ti gré	gro tte	gra vi té
tr	pou tre	mon tra	tré sor	trompette
vr	chè vre	li vrée	vrè de	dé li vra
sc	sco lie	scan da	sca zon	sculp ture
	scè ne (18)	sci eur	scep tre	scé lé rat
sp	ja spe	cri spa	spi ra le	spec ta cle
st	ve ste (19)	re stée	sta ble	sto ma cal
str	l'a stre	fru stra	stri bord	struc ture

PETITES PHRASES

A CONSONNES COMPOSÉES.

On lui dre ssa un pié ge,
Il se tra hit lui-mê me.
Elle s'en scan da li se.
On sortit du spectacle.
Tu uses de stratagème.
Il nous reste l'espoir.

Il gra vit la mon ta gne.
La fiè vre le tra va ille.
On lè ve ra les sce llés.
Elle suit nos statuts.
Il perd de sa splendeur.
Grave-le dans l'esprit.

Observations.

(18) *Sc* suivi d'un *e* ou d'un *i* se prononce comme *ss*.

(19) *E* muet suivi, dans le corps des mots, d'une consonne composée sifflante, se prononce toujours *é*.

3e Classe n° 6.   Tableau n° 22.

flu i de	pri è re	plu vi a le	mé di o cri té
blu e tte	cru e lle	glo ri ole	tra dui si ble
gri o tte	tru i te	fri pi è re	re pro dui ra
si è cle	di a ble	troi si è me	pa tri o ti sme
mi a sme	bri o che	ca bri ole	la frui ti è re
fi a cre	pri eu re	di a mè tre	le cabri o leur
di a cre	pi a stre	bri è ve té	la sca bi eu se
fi è vre	cu i stre	pro pri é té	un di a mè tre
di an tre	cli en te	pé tri fi é	tu é blou i ras
flu xi on	scor pion	ré fle xi on	la pro ce ssion

PETITES PHRASES.

Ce tte fleur se flé tri*t*.   E lle pli a ses le ttres.

Sa gloi re la per dra.   Tu vas mettre la broche.

Il leur prê ta se cours.   Il fi*t* de gran*ds* pro grès.

Dieu nous protègera.   Son*t*-ce là vos profi*ts*?

Il prendra ma plume.   Tu ajusteras tes flûtes.

Elle va à l'esplanade.   Elle se creusera l'espri*t*.

RÉCAPITULATION.

MONOSYLLABES.

le buis	ce puits	la nuit	de Dieu	ce vieux
la lieue	du suif	un juif	la suie	du fiel
ce miel	le ciel	du fier	ce tiers	de suint
en juin	le muid	la pluie	du fruit	la truie
les fiefs	des lieux	mes cuirs	tes pieux	ces bruits

POLYSYLLABES.

il bruine	tu éblouiras	nous clarifiâmes
tu récréas	elle justifia	nous l'agréâmes
elle suivra	tu traduiras	nous remplissions
tu produis	il poursuivra	nous le prierions

PETITES PHRASES.

Tu franchiras le fleuve.	Ce prince fut clément.
Il les combla d'éloges.	Tu partiras plus tard.
On planta cette croix.	On profana le temple.
Lève-moi ces scrupules.	Le chemin fut scabreux.
Il n'a point de science.	Elle fit trop de gestes.
Où as-tu mis ta veste?	Reste dans le vestibule.

VOYELLES

ÉQUIVALANT AUX VOYELLES SIMPLES.

4ᵉ Classe nº 1.   Tableau nº 24.

au	pour	o	dans	un pau vre	un sau va ge
ai	—	è	—	la mai rie	u ne se mai ne
ei (*)	—	è	—	u ne rei ne	u ne ba lei ne
est	—	è	—	si ce la est	Dieu est si bon
et	—	é	—	lui et moi	toi et eux deux
œ	—	é	—	l'œ dè me	de l'œ no mel
œu	—	eu	—	à l'œu vre	du ma nœu vre
y	—	i	—	de l'hy dre	la sy mé trie

PETITES PHRASES.

Je vous ci te l'au teur.   L'au ro re va pa raî tre.

I ras-tu au châ teau?   Ce tau reau beu gle for*t*.

Tu *as* perdu ta peine.   La lune paraî*t* pleine.

Valérie est studieuse.   C'est Julie et Pauline.

Aimes-tu l'œnomel? [20]   Je trancherai le nœu*d*.

La troupe manœuvra.   J'ai vu un beau cygne.

Observations.

(*) Les deux voyelles équivalentes *ai, ei*, se prononcent quelquefois comme *é* fermé ; surtout lorsque, sans autres lettres, elles finissent le mot.

(20) *E* muet suivi de toute autre lettre que *u* ou *i*, ne se prononce jamais.

VOYELLES

ÉQUIVALANT AUX VOYELLES COMPOSÉES.

4ᵉ Classe nᵒ 2.   Tableau nᵒ 25.

u ai	*pour*	u é	*dans*	je sa lu ai	je con ti nu ai
u ais	—	u è	—	tu re mu ais	tu t'é ver tu ais
ou ai	—	ou é	—	je dé vou ai	je le dé clou ai
ou ait	—	ou è	—	il l'a vou ait	il le ba fou ait
i ai	—	i é	—	je pu bli ai	je cer ti fiai
i au	—	i o	—	il pi au le	il mi au le ra
y o	—	i o	—	la my o pie	d'Al cy o ne
y eu	—	i eu	—	l'y eu se	le mal d'y eux

PETITES PHRASES.

J'é va lu ai ces te rres.   Tu re mu ais l'a ffai re.

Il sa lu ait le maî tre.   Je clou ai ce tte por te.

Tu a vou ais ta fau te.   Elle jou ait son rô le.

Je pri ai le bon Dieu.   Tu li ais ce tte ger be.

Il sciait tout son blé.   Elle s'en mé fie rait.

Si ma chatte miaule.   Ton poussin piaulera.

Virginie est myope.   J'aimais ce Lyonnais.

Il souffre du mal d'yeux.   Il brûle du bois d'yeuse.

VOYELLES

ÉQUIVALANT AUX VOYELLES ARTICULÉES.

4e Classe n° 3.   Tableau n° 26.

aul	*pour*	ol	*dans*	les faul des	c'est sur Paul
air	—	èr	—	de la chair	il prend l'air
œil	—	euil	—	coup-d'œil	j'y tins l'œil
œuf	—	euf	—	blanc-d'œuf	l'œil de bœuf
œur	—	eur	—	leur sœur	un bon cœur
yl	—	il	—	Sylvestre	bonne Sylvie
yr	—	ir	—	le myrthe	un des martyrs
yp	—	ip	—	les dryptes	dans l'Égypte

PETITES PHRASES.

Paul t'accompagnera. Les faul des sont garnies.

C'est le palais des Pairs. Tu voulais prendre l'air.

Tu as l'œil pénétrant. J'aime beaucoup l'œillet.

L'œilleton n'a pas pris.[21] Passe par l'œil de bœuf.

Il n'a point de mœurs. Dieu sonde tous les cœurs.

C'est la sœur de Sylvie. Je n'aime pas le myrthe.

Tu vis tous ces martyrs. Il partit pour l'Égypte.

Observation.

(21) *OE* suivi de la consonne *ill* se prononce *eu*.

VOYELLES

ÉQUIVALANT AUX VOYELLES NASALES.

4e Classe n° 4.   Tableau n° 27.

ean	*pour*	an	*dans*	en vengean*t*	le fi*ls* de Jean
eon	—	on	—	un pigeon	mangeon*s*-le
aim	—	èn	—	un beau daim	il n'a pas faim
ain	—	èn	—	une plainte	par contrainte
ein	—	èn	—	une feinte	ils peindron*t*
ym	—	èn	—	le tympan	la sympathie
yn	—	èn	—	les syndic*s*	en syncope.
yon	—	ion	—	je voi*s* Lyon	mon cher Nyon

PETITES PHRASES.

Evite la vengeance.   Jean mangea du gâteau.

Tu a*s* fai*t* le plongeon.   Je tuai douze pigeon*s*.

Iras-tu à Paimbœuf ?   Sylvie a la faim-valle.

Elle se plain*t* toujours.   Je prie la sainte Vierge.

Tu teindras cette laine.   Il se ceindra le cor*ps*.

J'aime l'odeur du thym.   Tu prendras ta cymbale.

Étudion*s* la syntaxe.   Le lyncé est crustacé.

Je passerai par Lyon.   Est-ce madame Nyon ?

CONSONNES

ÉQUIVALANT AUX CONSONNES SIMPLES.

4e Classe n° 5.   **Tableau n° 28.**

ph	*pour*	f	*dans*	il triomphe	un philosophe
ilh	—	ill (mouillé)		de Cailhau	vers Meilhan
sch	—	ch	—	un schisme	le schénobate
k	—	c (dur)		un kilolitre	de bon moka
qu	—	c	—	chaque fois	un quiproquo
gu (22)	—	g	—	une guêpe	sur la guitare

PETITES PHRASES.

J'aime la symphonie.   Tu triomphes de tout.

Sophie aura bon cœur.   As-tu vu Pardailhac?

Il revint de Cailhau.   Vareilhes me fut cher.

Le schérif fut vaincu.   Il resta dans le schisme.

J'achèterai un schall.   Ce moka n'est pas bon.

Kilo veut dire mille.   On te dit quelque chose.

Ne querelle personne.   S'il quittait sa retraite.

Quoiqu'en dise Félix.   Nous pinçons la guitare.

Tu distinguas le guet.   Il guérit leurs valets.

Observation.

(22). *U* entre *q* ou *g* et une voyelle est ordinairement nul.

CONSONNES

ÉQUIVALANT AUX CONSONNES COMPOSÉES.

4e Classe no 6.   Tableau no 29.

phl	*pour*	fl	*dans*	un phlasme	le Phlégéton
chl	—	cl	—	le chlorure	une chlamyde
phr	—	fr	—	une phrase	une phygane
chr	—	cr	—	un chrémeau	les chroniques
sph	—	sf	—	une sphère	d'un sphacèle
squ	—	sc *dur*	—	un squirrhe	des squelettes

PETITES-PHRASES.

J'achetai un phloscope.   Tu vis le Phlégéton.

C'est la phlébographie.   Il se sert de chlorure.

Le chloris chante mal.   Je versai tout le chlore.

Tu reçus le saint chrême.   Il suivit Jésus-Christ.

La chronique l'a dit.   Vois la chrysochlore.

Je compose des phrases.   Tu phrases la musique.

Il sort de la Phrygie.   Voici le diaphragme.

Voilà ton sphéromètre.   Tu sortis de ta sphère.

Dessine-moi un sphinx.   Je n'aime pas le squale.

Regarde ces squelettes.   Il meurt d'un squirrhe.

RÉCAPITULATION.

MONOSYLLABES.

un tau*x*	la bai*e*	c'est ça	et vous	les mau*x*
tant d'yeu*x*	à Saul	un pair	à l'œi*l*	de l'œuf
les mœurs	de Tyr	à Jean	le daim	du pain
il çein*t*	du thym	le schall	un kan	à quoi
du gui	le gueu*x*	la chrie	le Christ	le sphinx

POLYSYLLABES.

le dau phin	la gui mau ve	Dieu est jus te
je le pri ai	j'ac cen tu ais	il te sug gé rai*t*
d'A dé la ï de	Noël et Sa ül	la sym pho nie
u ne bar que	c'est ton seing	le sain*t* chrême

PETITES PHRASES.

Écoute beaucou*p*, et ne parle qu'à propo*s*. Contre mauvaise fortune bon cœur. Toute peine mérite salaire. Aime Dieu, respecte sa loi sainte. Évite les faute*s*, non par crainte, mais parce que tu le dois. Que ta langue soi*t* l'organe de l'équité. Qui n'est pas vertueu*x* n'est pas riche.

EXCEPTIONS
SUR LES VOYELLES.

5ᵉ Classe n° 1.   Tableau n° 31.

(A) Les désinences *er* et *ez* ont le son de *é* fermé dans :

bû cher	clo cher	me ssa ger	pa ssa ger
sou per	man ger	dé jeû ner	s'a mu ser
chan tez	par lez	pro hi bez	dé cou pez
dé li er	sol fi ez	né go ci er	re mé di ez

et dans les autres mots qui finissent par *er* ou *ez*.

(B) Excepté dans les mots suivants, où *er* se prononce *air*.

les fers	des mers	est-ce cher	es-tu fier
des vers	tu per*ds*	il se ser*t*	hier ma tin
l'hi ver	l'en fer	Ju pi ter	bel vé der
le can cer	la cu iller	ca len der	ma gi ster

PETITES PHRASES *.

(A) Le soleil ne doi*t* jamais se *coucher* sur notre colère. Le *premier* degré du pardon est de ne plus *parler* de l'injure qu'on a reçue. On se re-pen*t* rareme*nt* de *parler* peu, très souve*nt* de *parler* trop. *Donner* tar*d*, c'est *refuser*. La manière de *donner* vaut plus que ce que l'on donne. Ne *quittez* jamais le certain pour l'incertain. Ne *donnez* jamais des conseils qu'il soi*t* dangereux de suivre. — (B) L'an dernier l'*hiver* ne fu*t* pas rigoureux. Le soleil se trouve dans le signe du *cancer*. L'*enfer* n'es*t* que pour les méchan*ts*.

---

* Dans ces phrases et dans les suivantes les mots à exception sont en caractères *italiques*.

EXCEPTIONS

SUR LES VOYELLES.

(C) *I* tréma (*ï*) entre deux voyelles représente ordinairement un son mouillé faible. Exemples :

aïeux	gaïac	baïoque	baïonnette
aïeul	glaïeuls	bisaïeuls	trisaïeuls

(D) *Y* précédé d'une voyelle équivaut ordinairement à deux *i* simples, et se prononce en deux syllabes. Exémples :

abbaye	pays	paysan	paysage

(E) Dans les mots suivants, le dernier *i* de *y* se prononce comme *i* mouillé :

payant	crayons	voyages	royaumes
tuyaux	fuyons	envoyer	grasseyez

(F) Mais *y* se prononce comme un seul *i* mouillé, et par conséquent en une seule syllabe, dans :

Bayeux	Bayard	Biscaye	Bayonne

et autres noms propres d'homme ou de ville.

PETITES PHRASES.

(c) **Dans le département du Var, il se fabrique beaucoup de** *faïence.* **C'est là que son** *bisaïeul* **fut tué d'un coup de** *baïonnette.* **— (d) Nul n'est prophète dans son** *pays.* **Ce gros** *paysan* **passe pour le plus gourmand de son village. — (e) Ce** *voyageur* **trouve notre** *pays* **charmant. Nous** *côtoyions* **les rivages de l'Égypte, lorsque nous fûmes surpris par les pirates. La** *croyance* **des vérités révélées constitue la foi.** *Employez* **tous vos moments de loisir à étudier vos leçons. — (f) De** *Bayonne* **j'irai dans la** *Biscaye.*

EXCEPTIONS

SUR LES VOYELLES.

5e Classe n° 5.   Tableau n° 55.

(G) *E* muet, suivi de *m* ou de *n* se prononce *é* nasal.
1° Dans :

Mentor	**Ben ja min**	**hy men**	**exa men**
rien **bien**	**mien** **tien**	**sien**	**lien** **chien**
Ju lien	**pha ri sien**	**chré tien**	**cy ré néen**
Lu cien	**mu si cien**	**gar dien**	**eu ro péen**

et dans tous les mots terminés au singulier par *ien* ou *éen* sans autre lettre et dérivés.
2° Dans :

tien dra	**vien drons**	**con tien***t*	**par vien dra**

et dans tous les temps des verbes en *enir* où il entre *ien*.

(H) *E* n'est point nasal et on ne prononce qu'un seul *m* ou *n* dans :

le mme	**di lemme**	**en ne mi**	**Cé ve nnes**
re nnes	**re pre nne**	**à Vie nne**	**Ca spienne**

et dans tous les mots terminés par *enne*.

PETITES PHRASES.

(G) 1° Le sage *Mentor* aima Télémaque jusqu'à le suivre dans ses voyages téméraires. Jacob aimait tendrement son fils *Benjamin*. Les lois de l'*hymen* ne sont douces que pour les cœurs fidèles. Ne jugeons promptement de personne ni en *bien* ni en mal. La vertu est le premier des *biens*. Celui-là est riche qui ne desire *rien*. Marseille fut fondée par une colonie de *Phocéens*. 2° La meilleure leçon *vient* de l'adversité. Un *bienfait* reproché *tient* toujours lieu d'offense. — (H) Les Lapons se font traîner par des *rennes*. Ce muletier *vient* des *Cévennes*.

EXCEPTIONS

SUR LES VOYELLES.

5e Classe n° 4.   **Tableau n° 34.**

(I) *E* muet, suivi d'un double *m* ou *n*, a le son de *a* sans nasalité, et l'on ne prononce qu'un seul *m* ou *n*.

1° Dans :

fe mme   **ne nni**   **rou e nne ries**   **so le nni ser**

et dérivés.

2° Dans :

ar de mmen*t*   **pru de mmen*t***   **diffé re mmen*t***

et dans tous les mots qui finissent par *emment*.

(J) *E* muet initial, suivi d'une syllabe qui commence par *n* ou *nh*, se prononce ordinairement *a* nasal. Exemples :

e noi se ler   **s'e ni vrer**   **e nher ber**

(K) *E* muet initial, suivi d'un double *m* ou *n*, conserve la prononciation de *a* nasal.

1° Dans :

em me ner   **em mu se ler**   **em ma illo ter**

et dans tous les mots, excepté les noms propres, qui commencent par *emm*.

2° Dans :

en no blir   **en nui**   **en nuyer**

et dérivés.

PETITES PHRASES.

(I) 1° Ces *femmes* son*t* les plus vertueuse*s* que je connaisse. Ce marchan*d* ven*d* toutes sortes de *rouenneries*. 2° Si vous confessez votre faute, vous serez traité *indulgemment*. Je vous parle *confidemment*. N'allez pas si *fréquemment* chez cette personne. Comportez-vous *prudemment* dans le commerce de la vie. — (J) L'homme *s'enivre* du torren*t* des délice*s*. L'*enivrement* des passion*s* cause souven*t* les plus gran*ds* maux. — (K) 1° Qu'on l'*emmène*, ce méchan*t*! 2° Le monde depuis qu'il est monde, se plain*t* qu'il *s'ennuie*. Qu'il m'*ennuyait* de ne pas vous voir !

EXCEPTIONS

SUR LES VOYELLES.

5ᵉ Classe nº 5.   Tableau nº 35.

(L) La finale *ent* a la valeur de l'*e* muet à la troisième personne des verbes seulement. Exemples :

ils man gent	e lles man gè rent	qu'ils man gea ssent
e lles sor tent	qu'ils sor ti ssent	e lles sor ti raient
ils veu lent	e lles vou lu rent	qu'ils vou lu ssent
e lles si gnent	qu'ils si gna ssent	e lles si gne raient
ils pei gnent	e lles pei gnaient	qu'ils pei gni ssent
e lles sa luent	qu'ils sa lua ssent	e lles sa lue raient
ils re nouent	e lles re nou aient	qu'ils re nou a ssent
elles ré créent	qu'ils re cré a ssent	elles re crée raient
ils co pient	elles copi è rent	qu'ils co pi a ssent
elles prient	qu'ils pri a ssent	elles te prie raient

PETITES PHRASES.

(L) **Tous les faux biens** *produisent* **de véritables maux. Il n'y a que ceux qui ne** *craignent* **pas la mort qui** *sachent* **jouir de la vie. Quoique les méchants** *prospèrent* **quelquefois, ne pensez pas qu'ils** *jouissent* **du bonheur. Ceux qui n'ont jamais souffert ne** *savent* **rien ; ils ne** *connaissent* **ni les biens ni les maux. Ceux qui dans la prospérité n'**avaient **point d'entrailles pour les malheureux, ne** *doivent* **pas attendre qu'on les plaigne dans leur chute. Fuyez les procès ; la conscience s'y intéresse, la santé s'y altère, les biens s'y** *dissipent.* **Les grands défauts se** *réforment* **rarement. Les poules** *couvent* **souvent.**

EXCEPTIONS

SUR LES VOYELLES.

5e Classe nº 6. **Tableau nº 36.**

(M) *U*, suivi de *n*, se prononce *o* nasal dans :

jun te   Tun quin   nun di na les   nun cu pa tif

et certains autres mots pris des langues étrangères.

(N) *Um* se prononce *om*, sans nasalité, dans :

o pi um   du um vir   tri um vir   du um vi rat
fo rum   dé co rum   mi ni mum   ma xi mum

et dans tous les mots qui finissent par *um*, excepté *parfum*.

(O) *I*, suivi de *m* ou *n*, se prononce *im* ou *in*, sans nasalité,

1º Dans :

Sé lim   in té rim   I bra him   É phra ïm

et dans tous les mots qui finissent par *im*, excepté *Joachim*.

2º Dans :

im men se   im mi nen*t*   in no mé   in no mi né

et dans tous les mots qui commencent par *imm* ou *inn*.

(P) On ne prononce qu'un seul *n* dans :

i nnom bra ble   i nno cen ter   i nno cem ment

et dérivés.

(Q) *Ym* se prononce *im* sans nasalité dans :

hym ne   hym note   gym na se   gym na sti que

et autres mots tirés du grec et dérivés.

PETITES PHRASES.

(M) Le roi ne du*t* son salu*t* qu'au zèle de la *junte*. — (N) Viendrez-vous visiter le *muséum*? — L'établissemen*t* de la puissance *triumvirale* porta un coup mortel à la liberté des Romains. — (O) 1º *Ibrahim*-Pacha fut vaillan*t*. 2º L'*immensité* de l'espace ne peu*t* fatigue*r* la pensée. — (P) Dieu est le meilleur juge de l'*innocence*. (Q) Savez-vous l'air de l'*hymne* de ce jour? Allons voir le nouveau *Gymnase*.

RÉCAPITULATION.

PHRASES POLYSYLLABIQUES.

(A) **La courte durée de la vie ne peu*t* nous** *dissuader* **de ses plaisirs, ni nous** *consoler* **de ses peines.** — (B) *Abner* **est dans les** *fers.* — (c) **La** *baïoque* **d'Italie vau*t* trois centimes de France.** — (D) **Ce peintre fai*t* bien les** *paysages.* — (E) **On trouva le** *moyen* **d'arrêter les** *fuyards.* — (F) **Julie aime beaucoup le jambon de** *Mayence.* — (G) **1ᵒ Il n'y a** *rien* **qui contribue plus que l'amitié à la douceur de la vie. 2ᵒ Il n'***appartient* **qu'à la main qui a créé la mer, de lui donner des lois.** — (H) **L'***ennemi* **fut battu près de la mer** *Caspienne.* — (I) **1ᵒ Dieu tira la** *femme* **de la côte d'Adam. Nous** *solenniserons* **la fête de maman. 2ᵒ Je n'agis pas** *différemment.* — (J) **J'***enherbe* **tous mes champs.** — (K) **1ᵒ** *Emmuselle* **ton chien. 2ᵒ La piété** *ennoblit* **le cœur.** — (L) **Beaucoup de personnes** *voudraient* **savoir, mais peu** *désirent* **d'apprendre. Les fréquen*ts* juremen*t*s ne** *rendent* **pas le menteur plus digne d'être cru.** — (M) **Pauline partira bientôt pour le** *Tunquin.* — (N) **L'excès de l'***opium* **est dangereu*x*.** — (O) **1ᵒ Ces Janissaires vinrent de la par*t* de** *Sélim.* **2ᵒ Il est dangereu*x* d'***innover* **dans les choses de religion.** — (P) **Ses jours coulaient dans l'***innocence.* **On discernera l'***innocent* **du coupable.** (Q) — **La** *gymnastique* **fortifie le corps et entretien*t* la santé. Chantons l'***hymne* **de la victoire.**

EXCEPTIONS

SUR LES CONSONNES.

6e Classe n° 1.   **Tableau n° 38.**

(R) *T*, suivi d'une voyelle composée qui commence par *i*, se prononce *ss (ci)*.

1° Dans :

i ni ti er   **bal bu ti er**   **i ni ti ons**   **bal bu ti a**

et dans tous les temps de ces deux verbes, et dérivés.

2° Dans :

mar ti al   **nup ti a le**   **par ti el**   **sé di ti eux**

et dans tous les mots en *tial*, *tiale ; tiel*, *tielle ; tieux*, *tieuse*, et dérivés.

3° Dans :

quo ti ent   **pa ti en ce**   **pa ti en ter**   **s'im pa ti en ter**

et autres dérivés.

4° Dans :

Gra ti en   **Do mi ti en**   **Ca pé ti en**   **Do na ti en**

et autres noms propres d'homme, de famille ou de peuple.

5° Dans :

fic ti on   **li ba ti on**   **con di ti on**   **ré duc ti on**
na tion   **di rec ti on**   **gra da ti on**   **pro tec ti on**

et dans presque tous les substantifs en *tion*, et dérivés.

6° Dans :

fa cé tie   **mi nu tie**   **pro phé tie**   **di plo ma tie**   **etc.**

PETITES PHRASES.

(**R**) 1° On l'a *initié* à nos mystères sacrés. 2° Les *séditieux* n'obtinrent qu'un succès *partiel*. 3° La raison supporte les disgrâces, le courage les combat, la *patience* les surmonte. 4° *Gratien* fut proclamé empereur par les légions romaines. 5° Les sages *précautions* préviennent la disette, les *consommations* superflues la causent quelquefois. 6° Il dit facilement d'aimables *facéties*.

EXCEPTIONS

SUR LES CONSONNES.

6e Classe n° 2.   Tableau n° 39.

(S) Mais *t* conserve sa prononciation primitive (*ti*).

1° Dans :

ti a re   tié dir   tié deur   tier cer   tier çon

et dans tous les mots qui commencent par *ti*.

2° Dans :

mix ti on   ba sti on   que sti on   di ge sti on

et dans tous les mots où *ti* est précédé d'un *x* ou d'un *s*.

3° Dans :

nous por tions   vous chan tiez   nous goû tions

et dans tous les verbes, excepté dans *initier* et *balbutier*.

4° Dans :

sen tier   quar tier   ra tiè re   frui tiè re

et dans tous les noms en *tier*, *tière*.

5° Dans :

chré tien   sou tien   en tre tien   l'an tie nne

et dans tous les mots, excepté les noms propres, qui finissent par *tien*, *tienne*, ainsi que dans les temps du verbe *tenir*, et dérivés, où il entre *ien*.

6° Dans :

par tie   sor tie   pi tié   moi tié   ami tié, etc.

PETITES PHRASES.

(s) 1° La plupart des citoyens sont *tièdes* sur l'intérêt public. 2° Ce vaisseau vient de *Bastia*, ville de Corse. 3° Nous *sortions* de la place, lorsque vous *combattiez* si bien. 4° Il n'a jamais dévié du *sentier* de l'honneur. Mandez-nous ce qui se passe dans vos *quartiers*. 5° Dieu sera notre plus puissant *soutien*. On va recommencer l'*antienne*. 6° L'*amitié* en recevra une bonne *partie*. Point de *pitié* pour les paresseux.

EXCEPTIONS

SUR LES CONSONNES.

6ᵉ Classe nᵒ 3. **Tableau nᵒ 40.**

(T) La double consonne *ll* se prononce *ill* (mouillé) dans :

fi lle	bi lle	fa mi lle	gen ti lle	co qui lles
vri lle	dri lle	len ti lle	fau ci lle	bé qui lles
gri lle	qui lle	cé di lle	pas ti lle	gue ni lles
si llon	gri llon	du ri llon	ca ri llon	pa pi llon
ti llac	fi lleul	ba bi llar*d*	si lla ge	bri llan te
pi ller	bri ller	pé ti ller	de ssi llez	tor ti ller

et dans les autres mots où le double *ll* est précédé d'une syllabe qui finit par *i*.

(U) Excepté dans les mots suivants, où les deux *l* ne sont pas mouillés.

mille	mi llier	mi llion	mi lliar*d*	sci lle
os ci lle	va ci lle	pu pi lle	co di ci lle	gi lle
di sti lle	fi bri lle	A chi lle	tran qui lle	vi lle
à Li lle	Cal vi lle	sci llo te	Join vi lle	l'I lle

et dérivés.

PETITES PHRASES.

(T) Votre petite *fille* paraît bien *gentille*. L'éclair *brille* dans la nue. Je *grille* de retourner dans ma *famille*. Une fortune *brillante* ne rend pas le sort plus digne d'estime. Ah! le joli *papillon*! Le capitaine fumait sur le *tillac*. — (U) La voiture s'arrêta à deux *milles* de la *ville*. Les remords qui déchirent le coupable l'empêchent de dormir *tranquille*. La *ville* de *Charleville* me plaît beaucoup.

EXCEPTIONS

SUR LES CONSONNES.

6ᵉ **Classe nº 4.** **Tableau nº 41.**

(V) *Ill* se prononce *il-l*, en deux syllabes, dans :

il lu stre	il lé gal	il li cite	il lu soires
il le ttré	il lu sion	il li mi té	il lu mi né

et dans tous les mots qui commencent par *ill.*

(X) *Gn* se prononce *gue n.*

1° Dans :

gno me	gni die	gna ve lle	gno sti ques

et dans tous les mots qui commencent par *gn.*

2° Dans :

ag nus	Prog né	stag nant	l'ag na ti on

et autres mots pris du latin et dérivés.

(Y) *Ue* entre *c* ou *g* et *ill* mouillé se prononce *eu.* Exemples :

é cueil	re cueil	cue illir	re cue illir
a ccueil	cer cueil	or gueil	or gue illeux

et dérivés.

PETITES PHRASES.

(v) Ce prince *s'illustra* par de grandes conquêtes. Toute la ville sera *illuminée.* — (x) 1° La *gnomonique* fait partie des mathématiques. Je me souviens toujours de la ville de *Gnesne.* 2° La semence de l'*agnus castus* tempère l'ardeur du sang. L'eau de ce canal paraît *stagnante.* — (y) Nous naviguions dans cette mer pleine d'*écueils.* On fait de l'*orgueil* le supplément du mérite. Le roi l'*accueillit* bien. L'*orgueilleux* sera confondu.

EXCEPTIONS

SUR LES CONSONNES.

6e Classe no 5.   **Tableau no 42.**

(Z) *Ch* se prononce comme *k*.

1° Dans :

loch	Ba ruch	Zu rich	Ha ba cuch

et dans tous les mots qui finissent par *ch*, excepté *Auch* et *punch*.

2° Dans :

Ba cchus	ba ccha na les	ba cchi o ni tes

et dans tous les mots où *ch* est précédé de *c*

3° Dans :

chal cis	Chal dée	Chal cé doi ne	Chal da ï que

et dans tous les mots qui commencent par *chal* suivi d'une consonne.

4° Dans :

chœur	cho ri ste	cho ré vê que	a na cho rè te

et dans tous les mots où *cho* est suivi de *r*.

5° Dans :

tech ni que	tech no lo gie	po ly tech ni que

et dans tous les mots où *ch* est suivi de *n*.

6° Dans :

cha os	l'é cho	l'ar chan ge	l'eu cha ri stie

et autres mots tirés du grec et de l'hébreu.

PETITES PHRASES.

(z) 1° Avez-vous lu le prophète *Baruch?* C'est le costume des jeunes filles de *Zurich.* 2° Les matelots chantaient les louanges de *Bacchus.* Ces femmes couraient comme des *bacchantes.* 3° Le concile de *Chalcédoine* décida la question. 4° Ce cantique sera chanté à quatre *chœurs* de musique. 5° Numa sort de l'école *polytechnique.* 6° Je saurai débrouiller ce chaos d'incidents. L'*écho* de la forêt répétait nos chansons.

EXCEPTIONS

SUR LES CONSONNES.

6ᵉ Classe n° 6.   Tableau n° 43.

(Æ) La consonne *x* se prononce

1° Comme *c* dur, dans :

ex cès   **ex cé der**   **ex ci tons**   **ex ci pe ra**

et dans tous les mots où *c* précédé de *x* est suivi d'un *e* ou d'un *i*.

2° Comme *ss*, dans :

Au xe rre   **Au xo nne**   **Bru xe lles**   **soi xan te**

et dérivés.

3° Comme *gue z*, dans :

Xa vier   **e xal ter**   **e xé cu ter**   **e xi sten ce**

e xi ger   **e xor de**   **e xem ple**   **e xhor ter**

e xhu mer   **e xhi ber**   **e xhau sser**   **e xha le ra**

he xa èdre   **he xa pode**   **he xa mè tre**   **he xa go ne**

et dans tous les mots qui commencent par *ex*, *exh* ou *hex* suivi d'une voyelle.

4° Comme *z*, dans :

si xain   **si xi è me**   **di xiè me**   **deu xiè me**

et dérivés.

PETITES PHRASES.

(Æ) 1° Tâchez d'*exceller* dans l'art de lire. Dieu est l'être par *excellence*. Fuyez l'*excès* dans tous les genres. 2 Nous passâmes près de la ville d'*Auxerre*. Il ne reviendra de *Bruxelles* que dans *soixante* jours. 3° Les méchants sont l'*exécration* de la société. Le maître l'*exhorta* au travail. L'*hexagone* se compose de six côtés. 4° C'est la *dixième* fois que je remplis ce *sixain* de bière. En voilà pour *dix-huit* francs.

RÉCAPITULATION.

PETITES PHRASES.

(ʀ) 1ᵒ La timidité le fait *balbutier*. 2ᵒ *Martial* m'obligea *essentiellement*. 3ᵒ Il suffit de vivre pour sentir la nécessité d'être *patient*. 4ᵒ J'ai parcouru tout le royaume *lombardo - vénitien*. 5ᵒ Il n'y a aucune *condition* qui n'ait ses peines. 6ᵒ La *prophétie* a été accomplie. — (s) 1ᵒ Le pape porte sa *tiare*. 2ᵒ Le mouvement facilite la *digestion*. 3ᵒ Vous *portiez* les marques de l'esclavage, quand nous *chantions* vos triomphes. 4ᵒ Ce *gantier* m'a fait casser ma *cafetière*. 5ᵒ Les vrais *chrétiens* sont patients. 6ᵒ Ayez *pitié* des pauvres. — (ᴛ) J'aime bien mon petit *filleul*. — (ᴜ) Ce *vaudeville* n'a pas réussi. — (v) Elle se repaît d'*illusions*. — (x) 1ᵒ Tu liras ce poème *gnomique*. 2ᵒ La *stagnation* du commerce lui porta préjudice. — (ʏ) Avez-vous lu ce petit *recueil* de poésies ? L'*orgueilleux* se fait détester de tout le monde. — (z) 1ᵒ On va jeter le *loch*. 2ᵒ On célèbrera les *bacchanales*. 3ᵒ La *Chaldée* est dans la Turquie d'Asie. 4ᵒ Ces *choristes* chantent bien. 5ᵒ Ce sont des mots *techniques*. 6ᵒ *Melchior* dirige l'*orchestre*. — (ᴁ) 1ᵒ Ne faites point d'*excès*. 2ᵒ Six fois dix font *soixante*. 3ᵒ Ces soldats vont faire l'*exercice*. 4ᵒ C'est la *sixième* légion. Elle paraît plus forte que la *deuxième*.

COMPLÉMENT.

PHRASES MONOSYLLABIQUES.

Il n'y a qu'un seul Dieu. Je ne puis le voir, mais je sens qu'il est: mon cœur me le dit. Dieu est le roi des rois, le saint des saints, le Dieu des dieux; c'est lui qui a fait tout ce qui est: rien n'est grand que lui seul. Dieu a l'œil en tous lieux; il voit dans tous les cœurs. Mon cher fils, sois bon et ne fais point de cas du mal qu'on dit de toi; ne dis que ce que tu sais; sois vrai dans tout ce que tu dis; ne vois que les gens de bien; fuis tout ce qui est mal.

PHRASES POLYSYLLABIQUES.

Dieu répand ses faveurs sur les gens vertueux. Quel que soit mon destin, j'en bénis la rigueur. Le bonheur naît souvent du sein des malheurs mêmes. L'ingrat se punit lui-même du mauvais choix qu'on a fait de lui. Nous naissons dans les pleurs, nous vivons dans les plaintes, nous mourons dans les regrets. Quiconque s'écarte de la sagesse s'éloigne du vrai bonheur où l'homme puisse prétendre sur la terre. Les grandeurs de ce monde corrompent l'âme, l'indigence l'avilit. Le faible craint l'opinion, le fou la brave, le sage la juge. Ne fais ni ne dis jamais rien que tu ne veuilles que tout le monde voie et entende. Dieu peut faire plus que l'homme ne peut comprendre.

DE LA LIAISON DES MOTS.

Lorsqu'une consonne finale sonore est suivie d'un mot qui commence par une voyelle ou un *h* muet, il y a ordinairement *liaison*, c'est-à-dire que les deux mots qui se lient se prononcent comme s'ils n'en faisaient qu'un. Dans ce cas, le *f* se change en *v*, le *d* en *t*, le *g* en *c*, le *x* et le *s* en *z*, et le *n* nasal en *n* naturel, la nasalité devenant alors imperceptible.

EXEMPLES DE LIAISON.

Neuf ardoises.	Quel intérêt.	Le bail à ferme.
Avec ardeur.	Par escalade.	Pour un mois.
Le grand œuvre.	Quand il vient.	Un rang élevé.
Sang et eau.	Deux orangers.	Aux écoliers.
Les yeux en feu.	Des ennemis.	Ces habitudes.
Leurs illusions.	En imposer.	Un instrument.
Son habit gris.	Cet arbre vert.	Qu'y ferait-il?
Nous eûmes eu*.	Vous eûtes eu.	Ils eurent eu.

PETITES PHRASES.

Aimez-vous les uns les autres, dit notre Seigneur à ses disciples. Ne faites pas aux autres ce que vous ne voudriez pas qu'on vous fît. — Croyez-vous qu'on devienne savant sans étudier? La chose la plus aisée devient pénible quand on la fait à contre-cœur. — Il est bon de se dire tous les jours à soi-même : A quoi as-tu employé la journée? Où as-tu été? Qu'as-tu fait à propos? Qu'as-tu fait à contre-temps?

* La voyelle *eu* se prononce *u* dans les temps du verbe *avoir*.

DE L'ÉLISION DES MOTS.

Quand un mot finit par un *e* muet et que le mot suivant commence par une voyelle ou un *h* muet, cet *e* devient nul (à moins que le sens de la phrase n'exige un repos), et l'on prononce les deux mots comme s'ils n'en faisaient qu'un : *Fidèle ami*, *quinze hommes*, *une heure et demie*, etc., se prononcent comme s'il y avait *fidélami*, *quinzhommes*, *unheurédemie*, etc.

EXEMPLES D'ÉLISION.

Une impression nette.	D'une heure et demie.
Votre vie en dépend.	Notre unique espoir.
Notre oncle est arrivé.	Votre hôtesse est venue.
Cette église est grande.	Cette fille est gentille.
La ville a six mille âmes.	L'histoire est touchante.
Rose aime à s'amuser.	Il est de bonne humeur.
La parfaite harmonie.	D'un honnête homme.
J'adore un seul Dieu.	Ce livre est instructif.

PETITES PHRASES.

Mon fils, l'amitié que j'ai pour toi m'engage à te dire : Évite tout ce qui peut te nuire et te rendre désagréable aux yeux des autres. Un enfant sage et laborieux est aimé de tout le monde. La modestie ajoute au mérite. L'amour pour son père et sa mère est la base de toutes les vertus. La paresse et l'oisiveté sont les avant-coureurs de la misère. L'honnête homme ne s'abaisse jamais jusqu'à feindre. L'homme sage met sa confiance en Dieu. Excepté la vertu, tout passe comme un songe.

MAXIMES

ET SENTENCES MORALES.

Dieu dit à l'homme : Aide-toi, je t'aiderai. Le temps perdu ne se retrouve jamais. — La paresse rend tout difficile; le travail rend tout aisé. — La paresse va si lentement, que la pauvreté l'atteint tout d'un coup. — Poussez vos affaires, et que ce ne soient pas elles qui vous poussent. — Se coucher de bonne heure et se lever matin sont les deux meilleurs moyens de conserver sa fortune, sa santé et son jugement. — Celui qui vit d'espérance court risque de mourir de faim. — Il n'y a point de profit sans peine. — Quiconque est laborieux n'a point à craindre la disette. — La faim regarde à la porte de l'homme laborieux, mais elle n'ose pas y entrer. — L'activité est la mère de la prospérité. — Dieu ne refuse rien au travail. Croyez-vous que la paresse vous procurera plus d'agrément que le travail? Vous avez tort; car la paresse engendre les soucis, et le loisir sans nécessité produit des peines fâcheuses. Le travail, au contraire, amène toujours les aises, l'abondance et la considération. — Un métier vaut un fonds de terre. — Si vous voulez faire votre affaire, allez-y vous-même; si vous voulez qu'elle ne soit pas faite, envoyez-y. L'œil du maître fait plus que ses deux mains.

MAXIMES

ET PENSÉES MORALES

MAXIMES

Le savoir est pour l'homme studieux, et les richesses pour l'homme vigilant, comme la puissance pour la bravoure et le ciel pour la vertu. — Une légère négligence produit souvent un très grand mal. — Si vous voulez être riche, n'apprenez pas seulement comment on gagne, sachez aussi comment on ménage. — Soyez en garde contre les petites dépenses : un peu, répété souvent, fait beaucoup. — Les enfants et les fous s'imaginent que vingt ans et vingt francs ne peuvent jamais finir. — A force de toujours prendre à la huche sans y rien mettre, on vient bientôt à trouver le fond. — Quand le puits est à sec, on connaît la valeur de l'eau. — Il est plus aisé de réprimer la première fantaisie que de satisfaire toutes celles qui viennent ensuite. Amassez pour le temps de la vieillesse et du besoin, pendant que vous le pouvez : le soleil du matin ne dure pas tout le jour. Allez plutôt vous coucher sans souper que de vous lever avec des dettes. Gagnez ce que vous pourrez et sachez ménager ce que vous aurez gagné. Une chose inutile est trop chère, quand elle ne coûterait qu'une bagatelle. — Le sage s'instruit par les malheurs d'autrui.

MAXIMES

ET SENTENCES MORALES.

Ne faites pas vous-mêmes ce qui vous déplaît dans les autres. — Écoutez beaucoup, et ne parlez qu'à propos. — Ne faites rien de honteux en présence des autres ni dans le secret. — Les bonnes œuvres sont les plus précieuses richesses des hommes. — Si vous doutez de la justice d'une action, il faut vous en abstenir. — La langue d'un muet vaut plus que celle d'un menteur. — Il ne faut pas avoir honte de demander ce qu'on ne sait pas. — Qui n'est pas vertueux n'est pas riche. — Si vous voulez être sûrs de votre vie, apprenez quelque métier utile. — L'ennui est entré dans le monde par la paresse. — L'ingratitude est un vice contre nature; les animaux mêmes sont reconnaissants. — L'instruction est l'ornement du riche et la richesse du pauvre. L'instruction est un trésor; le travail en est la clef. — La conscience est le meilleur livre de morale que nous ayons; c'est celui que l'on doit consulter le plus. — L'honneur est le premier sentiment de la vie; il n'admet que ce qui est grand; il proscrit tout ce qui est bas. — Il en est de l'honneur comme de la neige, qui ne peut jamais reprendre son éclat dès qu'elle l'a perdu. — On demandait à Diogène ce qui pesait le plus sur la terre, il répondit : C'est un ignorant.

MAXIMES

ET SENTENCES MORALES.

Les hommes se doivent entre-aider : telle est la loi de la nature. Taire un service qu'on a rendu, c'est ajouter au bienfait. — L'homme qui aime à faire le bien, et à en être loué, n'est pas vraiment vertueux. — Dieu nous a donné la raison, afin qu'elle dirige notre conduite. — L'honnête homme est estimé, même de ceux qui n'ont pas de probité. — La religion, ainsi que la raison, nous recommande de faire le bien et de fuir le mal. — Pardonnez souvent aux autres, jamais à vous-même. — Choisissez pour ami un homme qui puisse vous donner dans l'occasion des consolations, de sages avis et de bons exemples. — La vertu est le premier des biens; c'est d'elle seule que nous devons attendre le bonheur. — Un discours, une parole que nous avons prononcée inconsidérément, suffit pour décider de notre malheur. — Le travail et le courage, joints ensemble et long-temps soutenus, font surmonter tous les obstacles. — Une bonne action est récompensée par le plaisir qu'on a de l'avoir faite. — Soyez sincère, loyal, et conduisez-vous de sorte que vos parents se glorifient de vous avoir pour fils. — Ne faites rien qui ne soit digne des maximes de vertu qu'on a tâché de vous inspirer.

LE PLUS BEAU PRÉSENT QU'UN ENFANT PUISSE FAIRE A SA MÈRE.

Monsieur, dit un jour le petit Jules à son maître d'école, c'est dans un mois la fête de maman; je veux, pour mon bouquet, savoir lire dans tous les livres. Je suis sûr, par là, de faire plaisir à maman. Je dois faire tout mon possible pour la contenter, car elle m'aime beaucoup.

Le maître fut bien surpris d'entendre parler ainsi un enfant qui n'avait pas cinq ans. Il l'embrassa, et lui promit de le seconder de tout son pouvoir. Mais Jules ne se fiait que sur lui-même; il savait que son maître, entouré de vingt ou trente enfants, ne pouvait pas toujours s'occuper de lui. Il étudia seul comme un homme; seulement il priait quelquefois ses camarades de lui aider à lire de certains mots difficiles, et il les retenait bien ensuite. Il s'appliqua de si bon cœur, qu'à l'époque désignée, il était véritablement en état de lire dans tous les livres.

Le jour de la fête de sa maman, il lut sans hésiter dans le premier livre qu'elle lui présenta. Lorsqu'il eut fini : « Maman, lui dit-il en l'embrassant, je me suis bien appliqué, afin de vous donner une grande satisfaction, comme vous le dites toujours. » Cette bonne mère, émue jusqu'aux larmes, serra son fils dans ses bras : « Mon cher Jules, lui dit-elle, tu ne pouvais, en effet, me faire un plus grand plaisir : t'instruire en remplissant tes devoirs, c'est le plus beau présent que tu puisses faire à ta mère. »

LES ENFANTS QUI JOUENT AVEC LE FEU.

Madame Durozier avait une jolie petite fille nommée Rose, et un petit garçon qui portait le nom de sa mère; tous deux étaient aimables, parce qu'ils ne se disputaient jamais : ils avaient pourtant le défaut de toucher au feu ou de jouer avec la lumière, ce qui obligeait à les surveiller de très-près. Un soir, madame Durozier fut obligée de descendre un instant chez sa voisine, et de laisser ses enfants seuls; aussitôt qu'ils ne virent plus leur maman, l'un prit le soufflet, et souffla le feu si fort, que les étincelles mirent le feu à son habit; l'autre s'amusait à brûler des petits papiers à la chandelle, et prenait le chandelier à sa main : le feu gagna alors ses beaux cheveux, et avait commencé à lui brûler un petit coin de l'oreille, lorsque leur maman rentra. Elle fut si effrayée en les voyant, qu'elle crut ses deux enfants brûlés; car les habits du petit commençaient à s'enflammer. Elle courut éteindre le feu qui était aux cheveux de sa petite, et n'eut que le temps d'ôter les habits du petit qui criait de toutes ses forces. Ils eurent quelques jours à souffrir; mais, grâce aux soins de leur maman, ils furent parfaitement guéris, et n'eurent plus envie de toucher au feu.

Vous ferez bien, mes petits amis, de ne pas faire comme ces enfants qui jouaient avec le feu : mais vous ferez bien aussi de les imiter, en ne disputant jamais avec vos frères et vos sœurs.

L'ENFANT CONTRARIANT.

C'est bien vilain, mes chers enfants, de toujours contrarier ses camarades; c'était le défaut de Lucien; il n'était jamais de l'avis des autres: voulait-on courir, il lui plaisait de rester assis; proposait-on de lire un conte, il aimait mieux se promener.

Ses petits amis, qui étaient fort doux et très-bien élevés, lui cédèrent pendant long-temps; mais enfin ils s'ennuyèrent de faire toujours sa volonté; ils finirent par le laisser tout seul. Lucien voyait ses camarades se divertir comme des princes, jouer à toutes sortes de jeux et pousser des cris de joie; aucun ne l'approchait: on ne le regardait seulement pas.

Cela dura huit jours, et Lucien était tombé dans une si grande tristesse, qu'il en avait perdu l'appétit. Sa maman, inquiète, le crut malade, et voulait appeler un médecin; mais l'enfant se jeta dans ses bras en pleurant, et lui raconta son chagrin. La bonne mère le consola: « Mon fils, lui dit-elle, si tu veux me promettre de n'être plus contrariant et de t'accoutumer à faire ce qui plaît aux autres, je parlerai à tes petits amis, et je les prierai de te recevoir encore dans leur société. » Lucien le promit de bon cœur, et sa maman le raccommoda avec ses camarades: depuis ce temps il partagea tous leurs plaisirs sans les troubler par sa mauvaise humeur: il se fit aimer par sa complaisance, et vit que c'est un bonheur bien plus grand que celui de faire toujours sa volonté.

OUVRAGES DU MÊME AUTEUR *

ADMIS A L'EXPOSITION PUBLIQUE DE LA SOCIÉTÉ DES MÉTHODES, ETC.

CADRAN TYPOGRAPHIQUE applicable à toute méthode de lecture et à tout mode d'enseignement. Prix :   7 fr.

Ce Cadran, *très-propre à piquer la curiosité des enfants et à les amuser en les instruisant*, est un instrument élégant et solide, à l'aide duquel on forme avec facilité toutes les syllabes de la langue, une très-grande quantité de mots, et les nombres, tant en chiffres arabes qu'en chiffres romains.

MÉTHODE DE LECTURE avec ou sans épellation ; 2e édition, revue avec soin et mise à la portée de toutes les intelligences.

— 1re partie : Syllabaire et Introduction à la lecture courante. 1 vol. in-12. 1 fr.

— 2e partie : Lecture courante, Introduction à la grammaire française et à la lecture des manuscrits ; Lecture du latin. 1 vol. in-12. Prix. . . . . 1 fr. 25 c.

— 24 tableaux extraits de la 3e partie du même ouvrage. Prix. . . . . 1 fr. 75 c.

— Les tableaux de la 1re et de la 2e partie (au nombre de 80) pris ensemble. . . . . 4 fr. » c.

Rue de la Sourdière, nº 27, à Paris.

M. Pascal donne en ville et chez lui des leçons de *Lecture*, d'*Écriture*, d'*Arithmétique usuelle et commerciale*, de *Tenue des Livres*, d'*Arpentage*, de *Toisé*, de *Levée des Plans*, de *Langue française*, d'*Orthographe*, de *Géographie*, d'*Histoire*, de *Latin*, etc. — Leçons dans les Pensions.

PARIS. — IMPRIMERIE DE CASIMIR, RUE DE LA VIEILLE-MONNAIE, Nº 12, entre la rue des Lombards et la place du Châtelet.

9 782014 049879